Anja Ritterhoff

Ostern in Sicht!

Fensterbilder aus Tonkarton

frechverlag

Von Anja Ritterhoff sind im frechverlag weitere Bücher erschienen. Hier eine Auswahl:

TOPP 2536

TOPP 2456

TOPP 2495

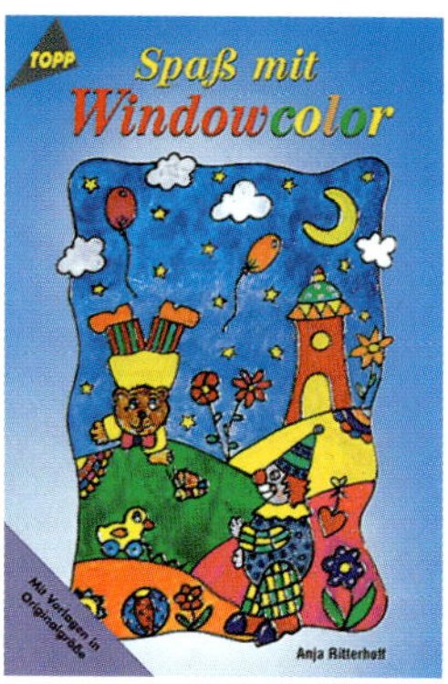

TOPP 2482

TOPP 2515

TOPP 2367

Fotos: frechverlag GmbH + Co. Druck KG, 70499 Stuttgart;
Fotostudio Ullrich & Co., Renningen

Dieses Buch enthält:
2 Vorlagenbogen

Auflage	5.	4.	3.	2.	1.	Letzte Zahlen
Jahr	2004	2003	2002	2001	2000	maßgebend

ISBN 3-7724-2556-9 · Best.-Nr. 2556
Druck: frechverlag GmbH + Co. Druck KG, 70499 Stuttgart

Mit dem Frühling beginnt die schönste Zeit des Jahres.
Im Hasenland geht es turbulent zu, denn bald
ist wieder Ostern und es gibt noch sooo viel zu tun!

Lampe junior hat schon mal einen Blumenstrauß gepflückt. Der ist zwar ein hübsches Geschenk, doch Ostern ohne Eier ist einfach undenkbar! Diese müssen aber erst einmal gelegt werden. Dann brauchen sie noch ein paar Farbtupfer, ehe man sie endlich ausfahren kann.

Während die Gans mit dem Eierwagen unterwegs ist, planschen die kleinen Küken vergnügt im Eierpool. Lassen Sie sich von deren guter Laune anstecken und holen Sie sich mit diesen bunten Motiven Frühlingsstimmung an Ihre Fenster!

Ich wünsche Ihnen ein frohes Osterfest und viele schöne Stunden mit neuen Fensterbildern

Ihre
Anja Ritterhoff

Material zum Basteln

- Tonkarton in verschiedenen Farben
- Vario-Karton mit Blümchen-Dekor in Grün und Blau
- Vario-Karton mit Rauten/Karos in Grün und Rot (Seite 32)
- Vario-Karton mit Punkten in Blau-Weiß
- Übertragungspapier oder Kohlepapier
- Evtl. Transparentpapier und dünner Karton für Schablonen
- Filzstifte in Schwarz und Hellblau
- Pluster-Pen® in Weiß
- Alleskleber (z.B. von UHU)
- Bleistift
- Radiergummi
- Schere
- Cutter (Bastelmesser) und Schneideunterlage
- Bürolocher
- Motivlocher „Kleine Blume" und „Kleines Herz"

Vario-Karton ist ein Fotokarton, dessen Vorder- und Rückseite unterschiedlich bedruckt sind. Statt dieses Kartons können Sie auch anderen bedruckten Tonkarton verwenden. Oder Sie bekleben bzw. bemalen unifarbenen Karton. Experimentieren und variieren Sie die Motive nach Lust und Laune!

So entsteht ein Fensterbild

Augen anfertigen

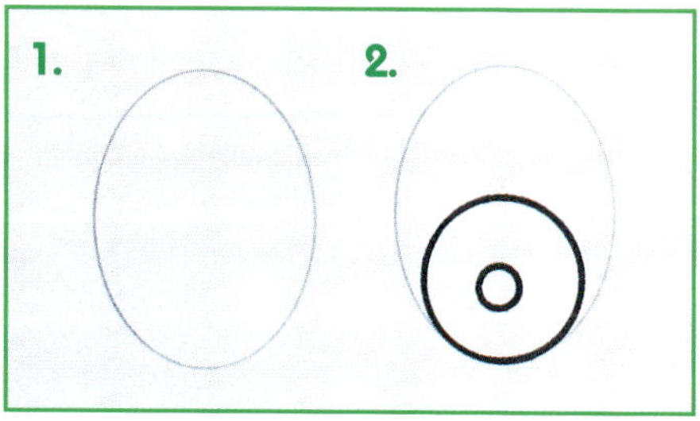

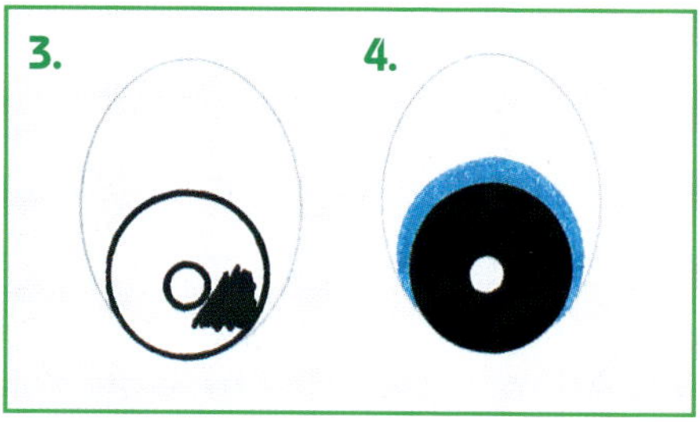

1. Die Augen werden mit Hilfe einer Schablone mit Bleistift auf weißen Karton gezeichnet.

2. Ein großer und ein kleiner Kreis werden nun in das Auge gemalt.

3. Die innere Fläche mit schwarzem Filzstift ausmalen, dabei den Glanzpunkt weiß lassen.

4. Um das Auge wird zum Schluss eine Linie mit dem hellblauen Filzstift gezogen. Danach die Augen ausschneiden und auf dem gewünschten Motiv mit Klebstoff fixieren.

Motiv übertragen

Sie können das gewünschte Motiv direkt vom Vorlagenbogen auf Tonkarton übertragen. Legen Sie Übertragungspapier mit der Farbseite auf Tonkarton in der benötigten Farbe. Nun wird die Motivvorlage auf das Papier gelegt, mit einem Stift werden die Konturen des jeweiligen Motivteils nachgezogen. Schon haben Sie das Motivteil auf den Tonkarton kopiert.

TIPP FÜR SCHABLONEN

Wenn Sie ein Motivteil mehrfach benötigen, kopieren Sie die Vorlage auf dünnen Karton und schneiden das Teil aus. Legen Sie diese Schablone auf den gewünschten Tonkarton und umfahren Sie sie mit einem Stift.

Teile ausschneiden

Übertragen Sie so alle Motivteile auf den farblich passenden Tonkarton und schneiden Sie sie aus. Noch sichtbare Konturenlinien können sehr leicht und rückstandsfrei mit einem Radiergummi entfernt werden.

Fensterbild zusammenkleben

Bei komplizierteren Motiven legen Sie das Fensterbild am besten erst so zusammen, wie auf dem Foto und der Vorlage ersichtlich, dann kleben Sie das Motiv zusammen.

Bild fertig stellen

Jetzt wird das Fensterbild noch bemalt. Die Augen werden ergänzt. Danach können Sie für Ihr kleines Kunstwerk ein passendes Plätzchen am Fenster suchen.

Diese Blumen sind für dich

Kleben Sie zuerst die Hose auf den Körper von Lampe junior (gestrichelte Linie). Rechtes Bein samt Hosenbein, Tasche und Knöpfe ergänzen. Nun den Kopf zusammensetzen, auf dem Körper fixieren und das Gesicht aufmalen.

Den kleinen Käfer zusammenfügen und dem Hasen auf die Pfote setzen. Hinter seinem Rücken hält Lampe junior einen Blumenstrauß mit bunten Blüten.

Motivgröße: ca. 27 cm x 38 cm

Ein schönes Plätzchen

Auf dem blauen Oval die Schleife und die Punkte fixieren.
Kleben Sie die Blätter unten auf das Oval.
Jetzt kann die Gans Platz nehmen und die Blumenwiese genießen.

Motivgröße:
ca. 28 cm x 37 cm

Jetzt wird es fröhlich bunt

Den kleinen Maler zusammensetzen und auf der Wiese fixieren. Das Küken hält in einer Hand die Farbpalette und in der anderen den Pinsel. Die Eier mit Farbe füllen (rückwärtige Eierschale nicht vergessen!), mit ein paar Farbklecksen verzieren und um das Küken herum anordnen. Ein Pinsel mit blauer Farbe liegt im Gras. Nun fehlen nur noch Eier zum Bemalen.
Wo bleibt der Nachschub?

Motivgröße:
ca. 37 cm x 28 cm

Guck mal, was ich für ein schönes Ei habe

Beide Hühner auf die Stange setzen. Ergänzen Sie den Kamm, den Schnabel und die Kehllappen der rechten Henne. Dann fixieren Sie das Ei zwischen ihren Flügeln.

Motivgröße:
ca. 30 cm x 12 cm

Schau, was ich gefunden habe

Die linke Hand des Hasen wird mit einem Cutter eingeschnitten und über den Bauch und das Ei geklebt. Auf die Nase bekommt Meister Lampe noch einen Lichtpunkt mit dem Pluster-Pen®.

Motivgröße: ca. 25 cm x 34 cm

Kira, das kesse Kükenmädchen

Auf das pinkfarbene Ei werden zuerst die grünen und violettfarbenen Felder geklebt, dann folgen die Streifen. Das Ei mit Herzen und Blüten schmücken. Nun wird Kira zusammengesetzt und auf dem Ei platziert.

Motivgröße: ca. 18 cm x 35 cm

Einer tanzt immer aus der Reihe

Alle Eierköpfe erhalten ein lustiges Gesicht. Das Eierhühnchen wird mit Kamm, gestreifter Hose und Flügeln versehen. Es bekommt orangefarbene Beine, die anderen beiden Eier tragen Schuhe. Mit dem Pluster-Pen® Lichtpunkte auf die Nasen setzen.

Motivgröße:
ca. 20 cm x 26 cm

Blüten-bäumchen

Fertigen Sie den Topf mit dem Herz an. Jetzt befestigen Sie den Stamm mit der Schleife. Zum Schluss bekommt der Baum seine Blütenkrone aus Vario-Karton mit Blümchen-Dekor.

Motivgröße:
ca. 16 cm x 33 cm

Eier zum Verschenken

Die Ostereier mit Streifen, Punkten und Herzen schmücken und zusammenkleben.
Die Blätter hinzufügen und die Blumen aufsetzen.
Nun die Schleife fixieren.

Motivgröße:
ca. 26 cm x 26 cm

Ich bringe die Eier!

Die kleine Gans mit Flügeln, Füßen und dem Schnabel ausstatten. Das Auge direkt auf den Kopf malen. Den Bollerwagen so zusammenkleben, dass er dreidimensional wirkt. Die fertigen Ostereier in den Wagen legen, die Grasbüschel hinzufügen und mit Blumen dekorieren. Je nachdem, wie Sie die Lenkstange festkleben, variiert die Breite und Höhe Ihres Fensterbildes.

Motivgröße: ca. 52 cm x 38 cm

Blumeneier für den Teddy

In den Wiesenkranz kleben Sie zuerst die verzierten Ostereier. Dahinter steht der kleine Teddy mit seinem Halstuch und hält die Eier mit seinen Händen fest.
Auf die Nase einen Lichtpunkt mit Pluster-Pen® setzen.

Motivgröße: ca. 25 cm x 26 cm

Wir bringen noch ein Ei!

Den grünen Körper der Schildkröte mit blauen Punkten schmücken, bevor der orangefarbene Randstreifen angebracht wird. Auf dem Rücken sitzt ein kleines Küken, das mit seinen Flügeln ein winziges Ei hält.

Motivgröße:
ca. 25 cm x 19 cm

Das ist meine Möhre!

Die Riesenmöhre zusammensetzen und bemalen. Auf dem Hasenkörper die Hosenträger anbringen und den Hasen lässig hinter die Möhre legen, dabei das Bein vorne auf der Rübe fixieren. Nun die Arme aufkleben und mit Pluster-Pen® einen Lichtpunkt auf die Nase setzen.

Motivgröße:
ca. 39 cm x 27 cm

Hier fühlen wir uns wohl

Beide Osterkörbe werden auf dieselbe Weise gefertigt. Das mittlere Grasteil wird von hinten an dem linken Ei befestigt.

Die bunten Ostereier von hinten am Korb fixieren. Das große Grasteil kleben Sie auf den Korb. Das kleine Küken hinter der Eierschale platzieren und den hinteren Rand der Eierschale ergänzen. Nun dekorieren Sie den Korb noch mit den Blüten und Blättern, bevor Sie das Motiv bemalen.

Mein schönstes Kleid für die Osterfahrt

Das Hasenmädchen trägt ein schickes Kleid aus Vario-Karton mit Blümchen-Dekor. Im Eierwagen liegen viele bunte Ostereier gestapelt.

Motivgröße:
ca. 35 cm x 30 cm

Motivgröße:
ca. 30 cm x 44 cm

Das ist meine Lieblingsblume

Der Hase trägt eine blaue Hose aus Vario-Karton mit Blümchendekor (den Kopf noch nicht anbringen!). Die Blume zusammenkleben und bemalen. Dahinter wird der Hase so platziert, dass er sich an den Blättern festhalten kann. Erst danach wird der Hasenkopf teils auf dem Blumenstängel, teils hinter der Blüte fixiert.

Roller fahren macht Spaß

Den Roller zusammenfügen, dabei das dunkelgrüne Teil von hinten versetzt an der Standfläche fixieren. Das Küken hält sich am Lenker fest, es hat lustige blaue Schuhe an.

Motivgröße: ca. 27 cm x 27 cm

Hier kann man fröhlich planschen

Befestigen Sie die dunkelgrüne Kante hinter der Eihälfte. Jetzt werden die beiden Küken und dann das Wasser angeklebt.
Den hinteren Rand der Eierschale fixieren.
Das Fensterbild mit der Pfütze, den Wassertropfen und den bunten Eiern dekorieren.

Motivgröße:
ca. 32 cm x 21 cm

Schön, dass du mich trägst

Papa Hase hat eine Hose aus Vario-Karton mit grünen Rauten an. Kleben Sie den blauen Pullover auf. Fixieren Sie nun den kleinen Hasen, dessen Pulli aus Vario-Karton mit roten Karos besteht. Den Arm des Papas darüber anbringen und beide Hasen bemalen.

Motivgröße: ca. 17 cm x 38 cm